U0917176

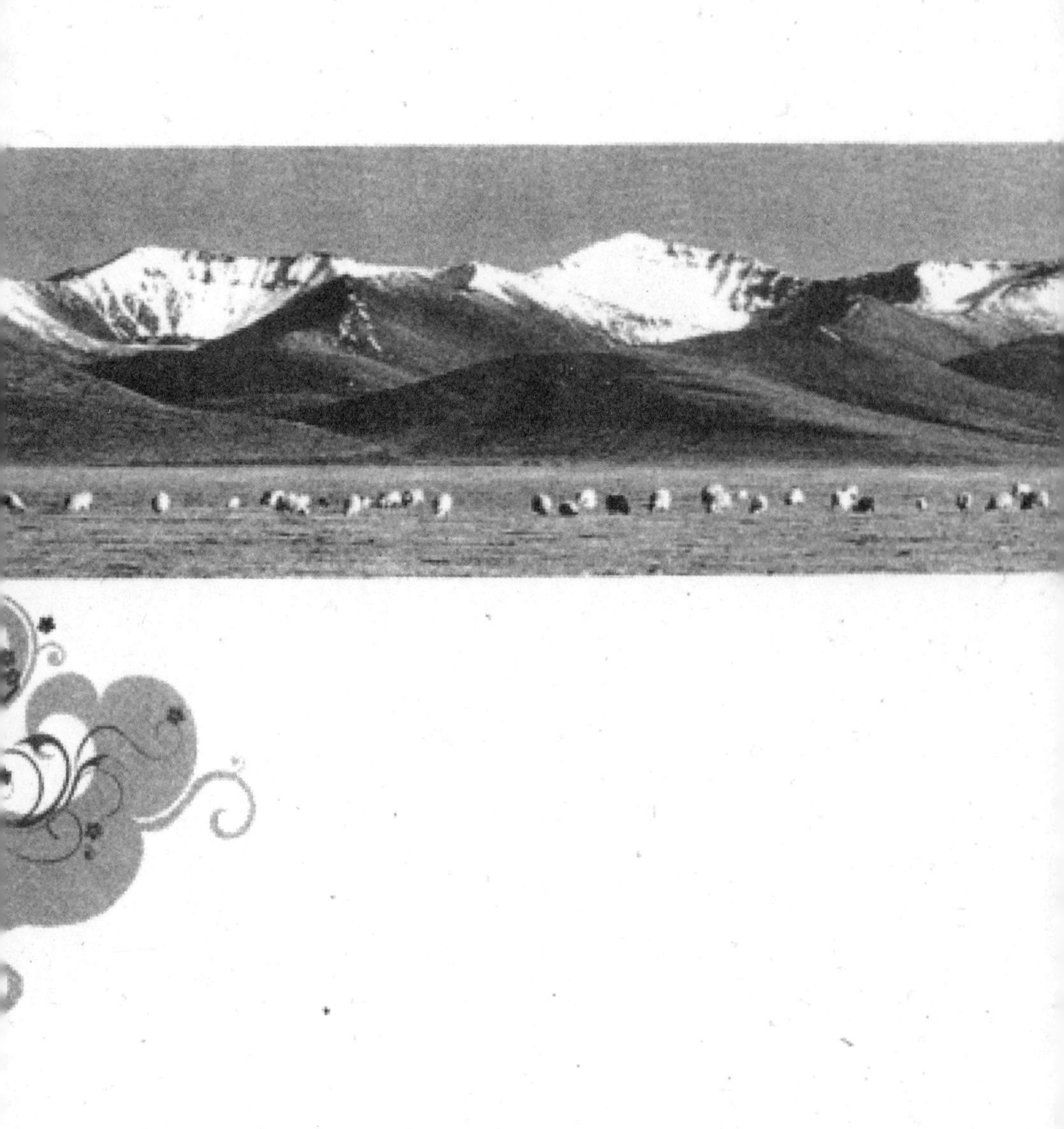

Zhongguo Wenhua Zhishi Duben

中国文化知识读本

独龙族

主编 金开诚
编著 王忠华

吉林出版集团有限责任公司
吉林文史出版社

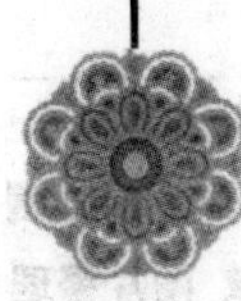

图书在版编目（CIP）数据

独龙族 / 王忠华编著 . 一长春：吉林出版集团有限责任公司：吉林文史出版社，2010.4（2022.1 重印）

（中国文化知识读本）

ISBN 978-7-5463-2914-7

Ⅰ . ①独… Ⅱ . ①王… Ⅲ . ①独龙族 – 民族文化 – 中国 Ⅳ . ① K286.5

中国版本图书馆 CIP 数据核字（2010）第 073030 号

独龙族

DU LONG ZU

主编/ 金开诚 编著/王忠华

项目负责/崔博华 责任编辑/曹恒 崔博华

责任校对/王非 装帧设计/李岩冰 刘冬梅

出版发行/吉林文史出版社 吉林出版集团有限责任公司

地址/长春市人民大街4646号 邮编/130021

电话/0431-86037503 传真/0431-86037589

印刷 / 三河市金兆印刷装订有限公司

版次 /2010 年 4 月第 1 版 2022 年 1 月第 3 次印刷

开本/650mm×960mm 1/16

印张/8 字数/30千

书号/ISBN 978-7-5463-2914-7

定价/34.80元

《中国文化知识读本》编委会

主　任 胡宪武

副主任 马　竞　周殿富　孙鹤娟　董维仁

编　委 (按姓氏笔画排列)

于春海　王汝梅　吕庆业　刘　野　李立厚

邴　正　张文东　张晶昱　陈少志　范中华

郑　毅　徐　潜　曹　恒　曹保明　崔　为

崔博华　程舒炜

关于《中国文化知识读本》

文化是一种社会现象，是人类物质文明和精神文明有机融合的产物；同时又是一种历史现象，是社会的历史沉积。当今世界，随着经济全球化进程的加快，人们也越来越重视本民族的文化。我们只有加强对本民族文化的继承和创新，才能更好地弘扬民族精神，增强民族凝聚力。历史经验告诉我们，任何一个民族要想屹立于世界民族之林，必须具有自尊、自信、自强的民族意识。文化是维系一个民族生存和发展的强大动力。一个民族的存在依赖文化，文化的解体就是一个民族的消亡。

随着我国综合国力的日益强大，广大民众对重塑民族自尊心和自豪感的愿望日益迫切。作为民族大家庭中的一员，将源远流长、博大精深的中国文化继承并传播给广大群众，特别是青年一代，是我们出版人义不容辞的责任。

《中国文化知识读本》是由吉林出版集团有限责任公司和吉林文史出版社组织国内知名专家学者编写的一套旨在传播中华五千年优秀传统文化，提高全民文化修养的大型知识读本。该书在深入挖掘和整理中华优秀传统文化成果的同时，结合社会发展，注入了时代精神。书中优美生动的文字、简明通俗的语言、图文并茂的形式，把中国文化中的物态文化、制度文化、行为文化、精神文化等知识要点全面展示给读者。点点滴滴的文化知识仿佛繁星，组成了灿烂辉煌的中国文化的天穹。

希望本书能为弘扬中华五千年优秀传统文化、增强各民族团结、构建社会主义和谐社会尽一份绵薄之力，也坚信我们的中华民族一定能够早日实现伟大复兴！

目录

一 迁途融合的民族概况

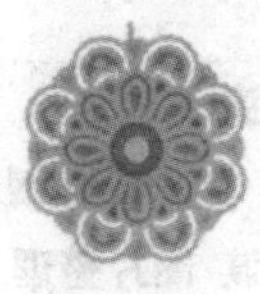

独龙江峡谷

汉文史书有关独龙族的记载。《元一统志》“丽江路风俗”一条中记载：“丽江路，蛮有八种，曰么些、曰白、曰罗落、曰冬闷、曰峨昌、曰撬、曰吐蕃、曰卢，参错而居。”丽江路包括今丽江地区、怒江州和迪庆州南部，其西北与今西藏相接。而“撬”“吐蕃”“卢”正是在丽江路的西部与西北部“参差而居”的独龙族、藏族和傈僳族先民。“撬”为“俅”字的同声异写，20世纪50年代以前，俅（撬）族居住地区的河流称为俅江或俅地，而贡山县西部的独龙江上游至今仍称俅江，元朝时期俅（撬）族正是居住在俅江流域一带，后来逐渐南移至下游的独龙江流域。

清代道光《云南通志》、雍正《云南通志》、乾隆《丽江府志略》等志书中，也都可以找到相互印证的史料，且对独龙族的生产、生活也都有较为真实的反映。

独龙族是中国人口较少的少数民族之一。现有人口约七千五百人，主要分布在云南省西北部怒江傈僳族自治州的贡山独龙族自治县西部的独龙江峡谷两岸、北部的怒江两岸，以及相邻的维西傈僳族自治县齐乐乡和西藏自治区察隅县察瓦洛等地。

独龙族生活在独龙江峡谷两岸

此外，缅甸境内也有不少独龙人居住。与傈僳族、怒族、白族等民族代代交好。生活在被称为“神秘河谷”的独龙江两岸的独龙族人民，受江水滋润，以江为名，独龙族人已把生命与峡谷融为一体。

独龙族保留着渔猎的传统。他们相信万物有灵，崇拜山川、河流、大树、巨石等自然物。讲信用、遵守诺言是他们的道德传统。历史上，独龙族被誉为“不用锁门的民族”，他们始终保持着“路不拾遗，夜不闭户”的古老而淳朴的社会风尚。

独龙族人的食物丰富多彩。他们虽然以谷类为主食，但对各种山珍野味却情有独钟，特别喜

纺织独龙毯成为独龙族独特的手工业

欢吃含有丰富淀粉的野生植物。从一种被称作“四维”的董棕树芯里挖出的董棕粉制作的食物是独龙族人最喜爱吃的食物，也是招待来宾以示热情友好的佳肴。

独龙毯作为装饰品在独龙族人家里随处可见。这种以棉麻为原料、用五彩线手工织成的工艺品，质地柔软，古朴典雅，既可美化生活，又是当地重要的经济来源。独龙毯是独龙族人民生活的必需品，白天当披风，夜晚当被，同时又是青年男女恋爱的信物，还可缝成口袋运粮盛物。精美的独龙毯已成为独龙族男子特有的传统服饰。独龙族妇女穿长袖上衣和长裙，有时也围一件花色麻布围裙，小腿上裹麻布戴绑腿。

一年一度的独龙族传统节日称作“卡雀哇”，是在每年最后一个月由各村寨的长老们择吉日而定的。神圣的祭山神活动之后是隆重而欢乐的“剽牛宴”，这是整个峡谷沸腾的日子。

独龙族地区的资源十分丰富，多种珍贵植物被列为国家重点保护植物。这里还是大理石矿的密集地，彩色大理石“贡翠”是天然的大理石珍品。

独龙族因长期以来同周边的藏族、纳西族、白族和汉族建立了紧密的政治、经

独龙族人依山傍水开垦农田

济关系，输入了铁刀和铁斧，出现了刀耕火种农业，并将原始的木锄包上铁皮，改造成为小铁锄，用来挖掘耕地。20世纪40年代末，个别家庭还从怒江换进少量大型板锄，使刀耕火种开始向锄耕过渡。

独龙族的手工业还没有从农业中明显分离出来，往往同农业生产、采集和狩猎活动紧密地结合在一起，主要有藤、竹编织以及纺织麻布。纺织麻布工具简单，技术落后，从剥麻、搓线、洗染、织布全是手工操作，工效很低。在独龙族社会里，还保存着原始的以物易物的产品交换形式，一般与访亲问友结合在一起，访问者带去家乡的土特产，然后带回被访地区

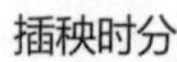

插秧时分

的土特产。在长期的交换过程中，产生了计算交换产品价值的方法，出现了双方用木核记账的形式。

与社会生产力发展水平相适应，在独龙族的社会组织方面还存在父系氏族“尼勒”。由每个“尼勒”的近亲成员组成的家庭公社，大部分都分散在一个地区，自然地形成血缘村落。独龙族人自称这种血缘村落为“克恩”。在独龙族社会内部有三种土地占有形式：一种是氏族或家族公共占有，集体垦种的土地；二是几户共同占有的土地；三是个体家庭占有的私有土地。土地占有形态以公共占有为主，因而在耕作形式上原始共耕比较突

独龙族保留着原始共耕特色

出。共耕有三种：一是土地的公社公有共耕制，是以家庭公社为单位；二是伙有共耕制，是由家庭公社的几户成员共同占有一块耕地；三是私有伙耕制，即土地是私有的，由私有土地的主人确定伙耕的时间，届时大家前来帮助伙干。

独龙族对待可食的野生植物（包括岩蜂）同对待耕地一样，看作是“克恩”的公有的天然食粮，“克恩”成员有采集权。一种是“克恩”共同占有的形态，共同占有的采集物则实行集体采集，采集物实行平均分配。但已产生由火塘或个体家庭单独占有的采集对象。

收获后和春耕前是独龙族进行狩猎的季

丰收场面

独龙族人的火塘

节。“克恩”中的公共猎场是主要的狩猎场所，各个“克恩”的猎场界限比较严格，禁止其他“克恩”的成员入内狩猎。

独龙族家庭公社内部出现了私有财产后，铁刀和铁器归每个灶塘直接占有，各个火塘独自饲养猪、鸡以及通过交换所得的黄牛等。每

芋头种植

个火塘独自占有“隋移”(最早的个体耕地)，各个火塘在自己占有的“隋移”里种植玉米和芋头，生产补充性的食粮。随着与外部交换的日益发展，黄牛成为家庭公社里每个火塘积蓄财富的手段。借牛者要用自己的女儿作抵押品。随着交换的进一步发展，产生了用从异部落劫夺来的奴隶交换黄牛的现象。在林地，由于一些家庭长期占有土地并由其子孙继承，产生了早期的土地租借和抵押关系。一些成员一时无地，为解决当年所需的耕地，常以铁刀、鸡等物作为报酬向耕地多的成员租地。一些贫困的成员，为了获得生产工具和粮食，便以自己所占有的耕地去换取所需求的东西，从而产生了土地抵押，并开始廉价出卖土地。此外，粮食多的火塘或家庭为了多耕种土地，以粮食去雇工为自己劳动，因而产生了雇佣关系。

独龙语属汉藏语系藏缅语族，其支属问题一直悬而未决，曾有人将它列入缅语支、傈僳么些支。还有观点认为，由于独龙语所具有的独特性，目前，在对独龙语没有深刻了解，也没有把它和其他语言作细致的比较研究前，把独龙语作为一个独立的语支更为恰当。当代语言学家在通过调查和比较调查后，认为独龙语的基本词汇和语法结构与景颇语比较接近，因此学术界已逐渐趋向于将独龙语划入景颇语支。

在上江地区和下江地区，独龙语在词汇和语音上有所区别，出现了不同的土语，但还没形成方言之别。上江的独龙语与贡山的怒语十分相近，下江的独龙语与缅甸北部的独龙语相同。

独龙族人民在长期的生产和生活中，形成了自己独特的历法，根据自然的变迁，从当年大雪封山至次年大雪封山时称为一年，称之为“极友”。又把一年划分为十二个长短不等的节月。

一月，称“阿猛”，意为过雪月，在这

水稻种植

洋芊种植

一月里，大家休息，个别户种旱洋芋。

二月，称“阿薄”，意为出草月，山草开始生长，是大量种洋芋的时候。

三月，称“奢久”，意为播种月，开始播种小米、芋头、棉花等作物。

四月，称“昌木蒋”，意为开花月，桃花开，鹤集中鸣叫，播种完毕。

五月，称“阿石”，意为烧火山月，大量烧火山，停止下种。

六月，称“布昂”，意为饥饿月，存粮吃光，荒月，大量采集野粮。

七月，称“阿茸”，意为山草开花月，薅草，采野粮。

八月，称“阿长木”，意为霜降月，山草被冻死，开始收庄稼。

九月，称“单罗”，意为收获月，收获小米、包谷、稗子、荞子。

十月，称“总木甲”，意为降雪月，收获完毕，储粮，山巅降雪。

十一月，称“勒梗”，意为水落月，河水降落，找冬柴，砍苦荞，准备过冬。

十二月，称“得则砍”，意为过年月，又叫“罗奢什腊”，妇女砍活麻、织麻布、跳牛舞。

独龙族的节令并不十分严格，其播种时间以花开、鸟叫为准。每年春季到来，桃花

每年春季到来，桃花盛开，独龙族就开始春耕播种

盛开，“告克拉”鸟鸣叫时，就开始春耕播种。当鸟王“省得鲁都”叫时，播种一定要完成，因此花开和鸟鸣指挥着生产。每一个月也没有三十天的概念，月大月小都是相对而言。一般“过雪月”很长，有时超过两个月。粮食歉收时，五月份即开始过“饥饿月”。因此，有的独龙人只能说出十个月，有的甚至只能说“热季”“寒季”。雨多即热季，下雪即寒季。

独龙族没有自己的文字，一直靠刻木记事或传达信息，用结绳来计算时间。刻有各种符号的木刻起着与普通文字、文书相同的作用，可记载和传达土司的命令、民间债务、聘礼清单等。政府（土司）所发的木刻较大，形如木剑，

美丽的怒江自然风光

独龙江峡谷两岸生活着独龙族百姓

宽二十厘米左右，长约七八十厘米。中间略厚，两侧扁平，顶端呈斜尖状，下端有把。不同的内容要刻不同的缺口或线段、图形等。如用于传达土司征税派款的木刻，左上角刻一个大缺口，下刻几个小缺口，就表示要来一个大管事，几个随从。右边刻一个大缺口，两个小缺口，则表示要求来一个头人、两个百姓迎接。木刻下面有时还附带箭头、辣子、鸡毛等不同的物件，以表示不同的意思。如箭头表示很快抵达，

独龙族人欢庆节日

辣子表示如不服从必严厉制裁，鸡毛表示迅速传递等。这种木刻一般都由持送木刻的人边送边作解释。

民间使用的木刻较小。常用于记载债务和财礼等事项。如某家祭鬼无牛，从亲友家借牛时，须测量和记下牛的大小。具体方法是：先用一竹篾量一下牛的胸围，然后用拳头测量竹篾的长度，并将拳头数对应地刻在一块木片的两边。最后将木片从中间一分为二，双方各执一半。还牛时如法测量，出现差额用粮食找齐，多退少补。然后将木刻投入火中焚毁，绝无纷争。

结绳计时使用也很广泛。它是指用一根细麻绳打结计时，每一个结代表一天。如外出办事，走一天打一个结。回来时则一天解一个结，这样能准确计算日期和行程。一年一度的年节，是独龙族人民最欢乐的时刻。但因没有固定的日期，所以每年都需临时约定。约定的办法也多靠结绳来完成。如决定十天以后过节，便准备若干条打有十个结的绳子，送给亲友，过一天解一个。待最后一个结解完，便表示节日来临，大家杀猪宰牛，载歌载舞，欢度新年。

独龙族曾经历过磨光的新石器时代，1956年在孔当村挖地时，掘获过一只长10.05厘米，厚2.5厘米的磨光石斧；斧面宽5.5厘米。但是，独龙族的新石器时代没有获得充分的发展，随着铁器时代的到来，石刀、石斧成了他们祈求丰衣足食的圣物。独龙语叫石斧为“嫩木恰兰具”，意为“天斧”，认为它是保证谷物丰收的神圣工具。独龙地区还发现有铜器，有关学者认为，独龙族在由石器过渡到铁器之前，其间也曾使用过铜器。

距今三百年前，独龙人在和邻近兄弟民族的交往中，获得了一种他们称为“削姆”

新石器时期独龙族人使用的石斧

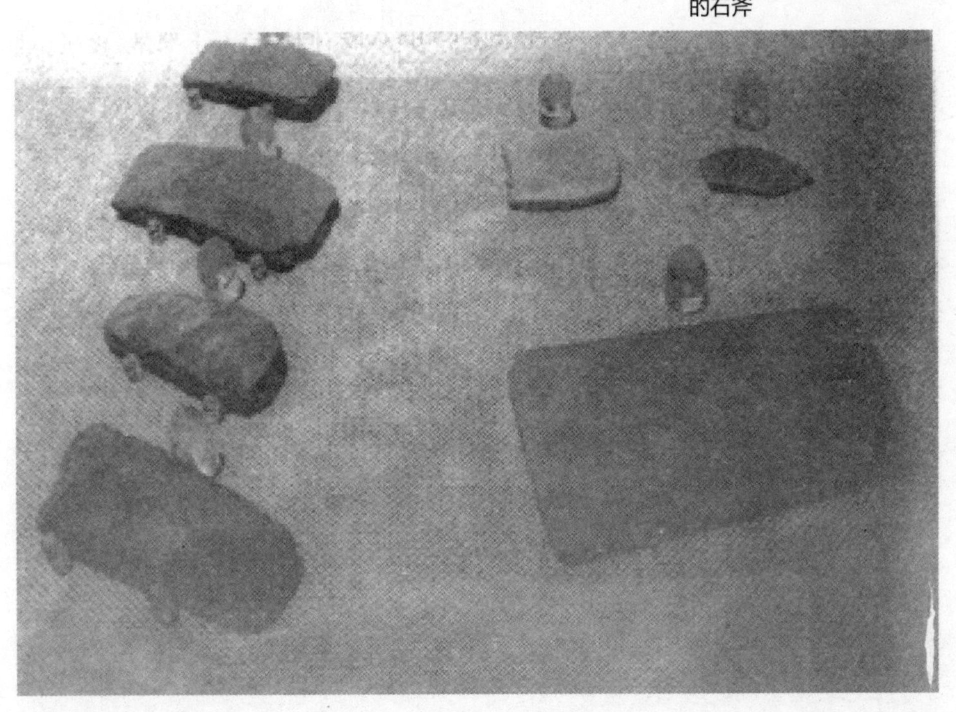

的铁砍刀，从而促进了生产力的发展，使初期农业逐步过渡到大面积的刀耕火种农业。但由于数量不多，独龙人还使用着大量的石、竹、木工具。一直到20世纪50年代，贡山县人民政府成立后，才进入到普遍使用铁器的时代。

独龙族的生产工具主要有“戈拉”“宋姆”“恰卡”“俄尔种”、铁刀、铁斧以及加工粮食的石磨盘等。其中“戈拉”“宋姆”和石磨盘都还具有新石器时代的形态。“戈拉”，就是用鹤嘴形的弯曲树枝砍削成的木锄，柄长六七十厘米，可用于松土、除草。

“宋姆”，点种用的竹、木尖棒。

“恰卡”，由西藏察瓦龙地区传入，就是

石磨

独龙族原始生产工具——石斧

在木锄“戈拉”的锄尖包有10厘米长的铁片。它的挖土效率较“戈拉”高二三倍。“恰卡”在生产上的广泛使用，为独龙族刀耕火种农业向锄耕农业过渡，迁徙农业向固定农业过渡，提供了初步的物质基础。

“俄尔种”(怒锄)，锄头长约16厘米，宽约6厘米，锄耳上装有1米长的木柄作锄把。在同一耕地上耕用，其效率“恰卡”高6倍，较“戈拉”高8倍。但怒锄的使用极不普遍。

铁刀：

铁刀的使用，使砍倒大片森林和竹丛，

铁制农具

扩大耕地成为可能。此外，铁刀在独龙族生活中的使用也很广泛，有“万里工具”之称。

铁斧：

铁刀传入之后，经藏、纳西两个民族的商人之手又传入了铁斧。铁斧较铁刀征服原始森林的生产率已经高出三分之一到三分之二，它可以砍倒任何巨大的树干，从而增强了独龙族征服自然的力量，使其刀耕火种农业又向前进了一步。只是当时铁斧价格昂贵，独龙族百姓无力购买，平均两家才有一把铁斧。

20世纪50年代后，独龙族开始使用条锄、板锄、铁犁，实行牛耕。

牛耕铁器的使用提高了独龙族人的生产力水平

铁器的传入，尤其是铁刀、铁斧的使用，其意义不仅在于使刀耕火种的农业成为主要的生产部门，也在为手工业乃至采集准备了新的技术基础，它同时也纺织竹藤器，制造木锄、弩弓、纺织工具等手工业品的生产工具。为了适应修补已经用坏了的铁刀和铁斧的需要，独龙族有了早期的铁匠。

独龙族围猎和捕鱼的生产工具以弩弓和竹

笼最具特色。

弩弓：

独龙族弩弓的制作很精致，弓背弓柄皆取材质坚硬的栗木。弓弦用麻索，最大的弩弓弓背仅长 110 厘米，需要 120 磅以上的拉力才能满弦，一般的弩弓弓背仅长 90 厘米，只需 80 多磅的拉力即可满弦。大弩弓有 150 米的有效射程，普通的也有 50 米的有效射程。箭分普通箭和毒箭。毒箭箭镞用铁或硬竹制成，在射杀大的野兽时才使用。箭包有猴皮、熊皮、竹筒三种。

竹笼：

是主要的捕鱼工具，但独龙人已开始使用野麻纺织渔网，少数人还使用铁鱼叉（独龙语

弩弓

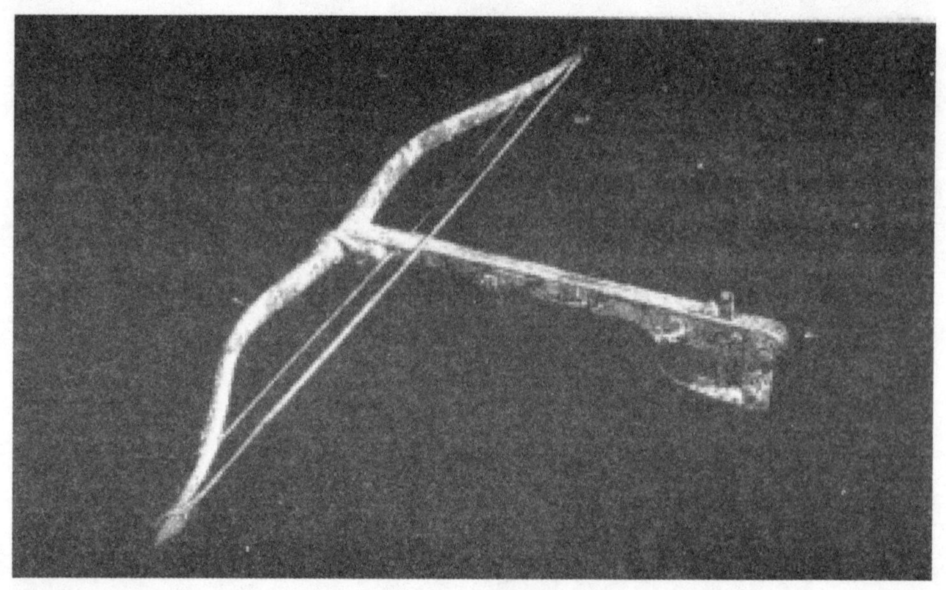

称拉贺）捕鱼，解放前夕，商人们带进了鱼钩。

水稻种植

20世纪50年代中期，在其他民族的帮助下，独龙族开始造水田种水稻。但其种植水稻的方法很粗放，尤其反映在肥料的使用上。靠近村寨的长田施畜肥、农家肥，也有用化肥的，但远处的水田不施肥，只是将田埂附近的蒿草拔割，剁碎之后，撒在水田里作底肥。稻谷脱粒和碾米的方法也较原始，即在一块空地上铺上竹篾席，上置一二块石头，再将稻束掼在石头上。谷粒脱去后，再用竹竿棍棒、敲打，以求脱净，之后存入粮仓。碾米则是吃多少碾多少。每家门前，几乎都有用大树桩从中间挖空做成的舂臼，四周用藤条绑以木脚架埋在土中，吃时用之舂米。

20世纪50年代以前，独龙族的纺织原料只有麻，分种植的和野生的两种。纺麻织布是妇女的工作，工序较复杂。麻收回后凉晒一两个月，再浸泡、撕皮、剥茎、凉晒，作细致处理，以除去表皮上的疙瘩，然后绕成线团。线团再绕在“工”字形的木架上，取下成束后放入铁锅内，加上少许碱性的草柴灰烬，用木搅匀稍煮，直至

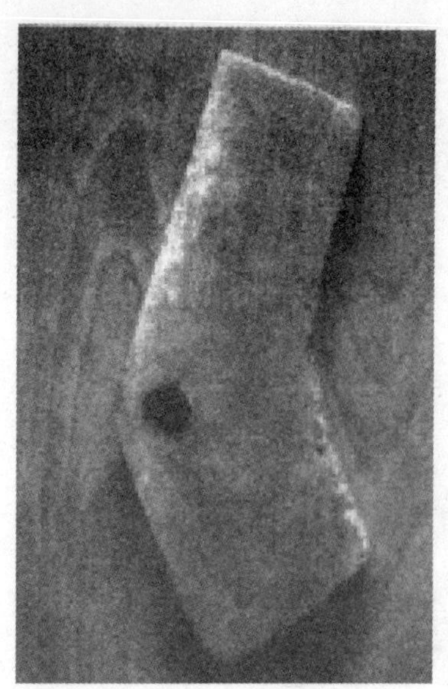
独龙族地区挖掘出大量的新石器时期文物

麻线色泽转白。取出后经过漂洗、捶打、凉晒、绕团几道工序之后再染色。颜料多取自植物的根皮、草叶或花朵。用水瓜树皮劈舂成碎片，放在铁锅内加水煮熬，即成红色染料；用核桃树根劈舂成碎片，加水煮熟，成黑色染料；长在山岩上的一种“温辛”花，每年三四月间开出红、蓝色花朵，采撷来揉烂、舂碎，其汁水是红色和蓝色的染料；“辛那那布”的草叶煮出来的水是绿色的染料，等等。将需要染成各色的麻线，分别置入上述染料的染液中，搅匀、闷泡和煮沸，再放进泉水中漂洗、晾干，即可纺线。

独龙族的织品以“独龙毯”和“绑腿”最有代表性。

独龙人每到年中即开始给树剥皮，有董棕树的，也有核桃树的。他们用砍刀在树干上下各横划一刀，中间再竖划一刀，整张树皮撕掀下来，削平表皮的疙瘩，烘干压平即成。董棕树皮可直接用来做绳索，也可做垫盖的褥子和房顶覆盖物，有防潮湿和保暖的作用。核桃树皮可用来做坐卧的垫褥。

二 自然崇拜的神话传说

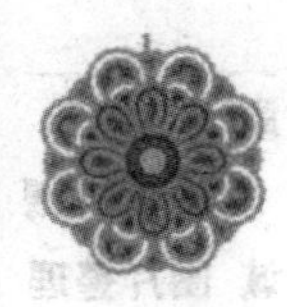

独龙族人创造了许多美丽的神话

（一）独龙族的神话传说

独龙族以极其丰富的想象力，以神为主题，创造了许多极具幻想魅力的故事，并世代口头相传保留了下来。著名的独龙族神话有创世神话《卡窝卡蒲分万物》《念坚与念勒姆》《木克木当》；谷物起源神话《巨人朋得共》；射日神话《猎人射太阳》；人与精灵争斗的神话《人与“布兰”的斗争》；洪水起源神话《洪水滔天》及包括天婚、谷种、家畜及药的起源等内容在内的复合神话《美嘎朋》，此外还有关于火、谷种、家畜、药、文字等由来的神话。

创世神话《卡窝卡蒲分万物》中关于由雪山

之水分出万物的说法，在西南少数民族神话中独具特色。而《美嘎朋》这则天婚与难题考验结合，由天女将谷物种子带到人间的复合神话，在中国西南的彝族、羌族、纳西族中却是一个带普遍性的神话主题。独龙族的这些神话，反映出了独龙族独特的原始宗教观念——精灵崇拜及自然崇拜，生动地描绘了人类在古代与大自然作斗争的图景。从这些神话中，人们还可窥见古代独龙族的历史、文化及所处的地理环境。

（二）独龙族生存与禁忌的火文化

独龙族有关自身起源的神话中，就包含了发明火和使用火的故事。

独龙族神话中有关于雪山之水生万物的说法

卡瓦卡普是高黎贡山的一座高峰，是怒江与独龙江的分水岭，终年积雪。相传在卡瓦卡普的山峰上有一个山洞，有兄妹二人住在洞中。一天，兄妹到山中采药，背箩一直装不满，他们便一直往山顶上爬。正当他们准备返回时，忽然风雨交加，大雨倾盆，连下了九天九夜。只见洪水滔天，离山顶只有一根竹箭的距离，山下的人全死了，只剩下他们兄妹二人。他们每天以洪水冲来的死兽为食，妹妹不敢吃生肉，哥哥便将野兽的肝脏切成小块晒干给她吃。有一天，突然飞来一只大苍蝇，落在树枝上翘起后腿不停地摩擦。妹妹灵机一动，要求哥哥摩擦生火。于是哥哥找来干木棍，妹妹解下背箩

风景秀丽的高黎贡山

农闲时独龙族人围绕着火塘

藤带，二人分坐两边，用藤条摩擦木棍。不久生出火来,兄妹二人便开始用火烧肉来吃。后来洪水退去后，他们受到天（独龙语称“格蒙”）的旨意，结为夫妇，并先后生了九男九女。他们每生一对男女就在洞中修一火塘，一共修了九个火塘。据说这九个火塘至今仍在卡瓦卡普的山洞中。至今独龙族仍保留着一个火塘代表一个家庭的风俗。

另一个传说则反映了独龙族对火的敬畏之心。相传独龙族的祖先最早生活在怒江边一片肥沃的土地上，在开垦的过程中无意间引燃了一大片森林，触怒了火神，而使接下

来的年月颗粒无收。人们只好全村搬迁到了另一块土地上繁衍生息，并代代保持着对火的敬畏之心。

独龙族人与火有着密切的关系

1．火与生产活动

过去，独龙族处于原始社会末期，刀耕火种一直是生活资料的主要来源。独龙族在长期的刀耕火种生产活动中，围绕火的使用形成了其特有的火文化。例如：伐木及焚烧必须遵守时令，若提前焚烧和播种会使种子腐烂，很快使耕地变成无法耕种的草地。焚烧树木也要根据不同的类型有不同的要求。另外，必须在烧林时先在林地四周砍出一条空隙，以防止火势蔓延。放火前还要祭拜火神。

独龙族社会，由诸多大小不定的火塘（代表家庭，一个家庭可以由一个火塘构成，也可以由多个火塘构成）形成了各个血缘村落，即“克恩”。每个“克恩”有“夺木古”和“勐吴”即集体与个体两种形式的耕种方式。所谓“夺木古”是指全“克恩”共同占有及耕作的土地，是独龙族最古老的集体耕地形态。而“勐吴”则是由二三个或三四个火塘的个体家庭（一般是由直系亲属构成）所耕作、占有的土地。耕种“夺木古”时，按火塘为单位摊工，所

独龙族在长期的刀耕火种生产活动中，围绕火的使用形成了其特有的火文化

不息的火种

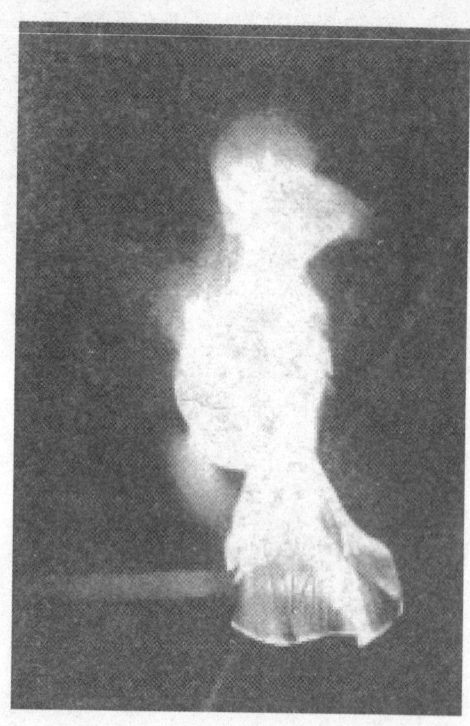

火塘是独龙族人日常生活中
活动的主要场所

独龙族每家每户都有火塘

以“夺木古”耕地上所产生的粮食，可以直接平均分配给各个火塘，“夺木古”耕地播种所需的种子，由各个火塘直接分配，出种子的原则是平均负担，没有的要借用，秋后分配产品时扣除。这种生产关系后逐渐解体。

2．火与日常生活

日常生活中，火塘是独龙族人活动的主要场所，也是其文化传承的主要场所。可以说，火塘是他们的命根子。

独龙族火塘的位置是很讲究的，独龙族传统的房屋的坐向与太阳升起的方向一致，火塘则置于房屋的西北角。而火塘四周又分方位，靠西是供神的位置；北面是家庭长辈坐的地方，年轻人不能随便去坐，否则是犯大忌的；东面是长男、长女的位置；南面属于小辈。火塘上放置一个铁三角锅庄，是财富和尊贵的象征。在今天，围绕三角锅庄仍有着诸多讲究。比如不准用脚踩，不准用棍子敲，添柴时不能从供神的位置放入，不准无故转动等等。

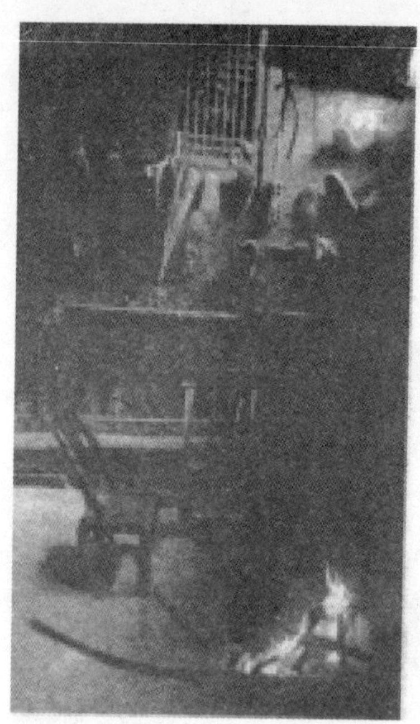

独龙族人敬重火塘，关于火塘也有许多禁忌

独龙族的分配方式与火塘也有密切联系。按照古老的习惯，独龙族凡男人娶妻后，家长会在房屋内增设一个火塘，新婚夫妇围火塘而居住。所以，一个大家庭中有几个火塘就说明有几个小家庭，这种以火塘为中心的居制，独龙语称为“卡尔信”。在大家庭中无论是劳动还是食物的分配都是按照火塘来分摊，而不计人口多寡。在一个大家庭中通常由各个火塘小家庭的主妇来轮流煮饭。粮食先取自大仓，用尽后再由各小家庭分摊。对于家庭的重大事务，通常是在家长主持下召开各个火塘成员会议，经过共同协商讨论来决定。

独龙族极敬重火塘，对火塘有诸多禁忌。独龙族的神话中有九重天一说，其中第九层“当木卡”就是指人间各家的火塘，

民居内的火塘

火塘被视为天的一部分。因此，火塘上的铁三角架或三块石头是神圣的，不得随便挪动或处置，每当饮酒吃肉，老年人常在铁或石的三脚架上放些酒肉，以示敬祭。此外还有诸多禁忌，比如家人在出远门前不能将水泼洒在火塘里，不能扫地，否则会不吉利，出门办事也会不顺利。也不可以用水直接泼火，壶水煮沸时要立即拿开，防止溢出的水浇灭塘火；不可将脚伸进火塘；睡觉或出门时要把火塘内的木炭码齐，或放至火塘边上，有余火的木柴不得乱放等等。

三 万物有灵的宗教信仰

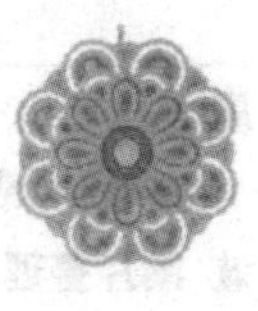

独龙族的宗教信仰尚处于较原始的自然崇拜和万物有灵阶段。万物有灵的灵魂观念是独龙族宗教的核心。独龙族认为，自然界的一切都有精灵、灵魂或鬼神，它们主宰着人们的吉凶安危。正是基于这种认识，没有足够的力量了解和战胜自然灾害和抵制疾病的独龙族，为了祈求鬼灵的庇护，消灾免祸，而崇拜着自然界的山川、河流、大树、怪石等等，并有了自己较具体的信仰对象，出现了祭祀人员，形成了一系列宗教活动，从而构成了富有本民族特色的宗教文化。

在独龙族宗教意识里，人和动物都有两个灵魂，即生灵“卜拉”和亡魂“阿细”。无论是人还是动物，其肌体赖以存活的生灵“卜拉”，只

门柱上挂着羊头骨

独龙族人认为，自然界的一切都有精灵、灵魂或鬼神

有在肌体活着的时候才存在。

“卜拉”消失后，人的另一个灵魂，即亡魂“阿细”接踵而至。除巫师外，一般人看不见“阿细”。“阿细”不同于鬼、精灵，它只是住在另一个世界的人。在“阿细”生活的世界里，有山、有水、有村寨，还有众“阿细”生前曾养过的猪、鸡、牛、羊。

独龙族没有神的概念，他们只是笼统地把鬼、精灵、神祇等称为鬼，并把鬼分为地上的鬼和天界的鬼，独龙族人认为地上的鬼是凶恶的、可怕的，对人畜危害极大，而天上的鬼却是主宰人间生死，庇佑人类的。实际上，天鬼就是独龙族的神。

天界上的鬼，独龙语称“南木”；居住在地上的鬼，独龙语称“布兰”。“布兰”的种类很多。在独龙族的意识里，大自然中的鬼都是作祟于人，危害于人的恶鬼、坏鬼、贪婪鬼。且不同的鬼对人有不同的危害。

独龙麤人崇拜自然界的山川、河流

独龙族信仰的对象便是“格蒙”“南木”“布兰”。“格蒙”是独龙族信奉的最高鬼灵，又译“木别”“姆朋”。独龙族认为，“格蒙”居住在九层天的第二层，其职责是掌管人间的男女匹配及人的生死，能庇佑、赐福于人类。因此，人们必须祭祀它，以求人畜平安。

“南木”是天界鬼灵，居住在九层天第二层以下的各层。“南木”有多种，都是受“格蒙”派遣到的，既可以解除人的痛苦或灾难，也可害于人，“南木”又能通过巫师中介与人相通，它较“布兰”更神圣性及权威。

“布兰”居于地上，则是被视作对人畜危害极大，而又无时不在、无所不在的地界鬼精灵。人们或请巫师祭祀它，或请巫师驱逐或砍杀它。在独龙族神话中，就有不少表现人类与“布兰”作斗争的内容。

独龙族巫师分“南木萨”“龙萨”两种。“南木萨”社会地位较高，有的即是头人。

独龙族人崇拜的神像

交黎贡雪山

巫师神像

无论是“南木萨”还是“龙”萨，都不是专门从事宗教相关工作的，其宗教活动的收入甚微，平时须参加一定的劳动。巫师传承也未形成相应的制度和习惯，并且“南木萨”和“龙萨”在传承上也有所不同。“龙”萨多由父传其子，个别还有传给女儿的。也有在日常宗教活动中逐渐观摩、模仿而成的。充当“龙萨”者都须是已婚的成年人。而“南木萨”并不要求必须父子相传，也不能传给外氏族的人，它是氏族保卫神的象征，系自然形成。

怒江岸边的村落

“南木萨”和“龙萨”职责不同。“南木萨”主持祭祀、打卦兼治病，不搞杀生驱鬼活动，治病的方式也很独特，不用中草药，而是采取一种类似魔术的医疗方法。“龙萨”则专门替病人杀生驱鬼。

独龙族预测吉凶的巫术活动很多。占卜除巫师外，也可由当事人自己进行。占卜的种类和方式很多，有水卜、酒卜、刀卜、蛋卜、鸡卜、谷卜、竹卜、叶卜等，其中以叶卜最为复杂。

四 独具特色的饮食特色

独龙族人的农田

独龙人实行粗放落后的农业耕作方式，一年当中的收成，充其量也只能半饥半饱地勉强维持半年的生计，即每年九月至来年二月，这段期间以粮食为主，并搭配上大量采集到的野生植物。每年的三月至八月则主要依靠野生植物来充饥。由于食物来源的有限和匮乏，独龙人只能顾及食物总量需求供应，无法更多地顾及到食物品种制作方面的改进和提高。野生植物虽富含维生素，但由于制作方法落后和调味品的缺乏，多数有浓厚的苦涩之味，无法与现代城市人偶食野味的感觉相比。人体所必需的

独龙族人的山间小屋

蛋白质和脂肪的严重缺乏，致使独龙人的身材明显瘦小，结核病等与营养不良有关的疾病较为流行，儿童死亡率一直较高。

近几十年来，随着大量较为先进的生产工具和生产技术的引进和生产责任制的贯彻执行，大多数独龙族农户生产的粮食已基本可满足一年的食用，采集野生植物在食物结构中所占的比重已经明显地下降。野生植物仅作为主食粮食的补充物，或用来弥补特殊年份短期口粮的不足。独龙族的主食仍以玉米、土豆、鸡脚稗、青稞、燕麦、荞子、小米和旱谷为主，水稻虽已引进十余年，但种植面积有限，产量不高，显得珍贵。

独龙族当前日常饮食的常规是一日早晚两餐，早饭以吃炒面、烧烤土豆为常见，晚饭多数是吃玉米等，中午饭的内容通常不确定。其主食及食用方法有以下几种：玉米的吃法花样较多。将其直接放入火塘内烤熟后剥食，这种

独龙族的特色饮食——炒面

独龙族的特色饮食——炒面

吃法既简便又耐饿，常是野餐或早晚两餐之间的零食。也有人将干玉米倒入铁锅爆炒成玉米花，或用木舂将玉米舂碎再煮成玉米稀饭或干饭，或将玉米碎粒煮软取出和玉米面、土豆块一并蒸食，或用手推石磨或水磨将玉米碾成粉，做成玉米炒面，捏成团块干食。这几种比较费时的吃法一般是晚餐用的。

各种炒面是外出的独龙人最常携带的方便食品。用热水和玉米面捏成饼，用芭蕉叶包住放在火塘边灼烤，或在铁锅里焙

烤成玉米粑粑，同样可作干粮随身携带。小米在食用之前先在锅里爆炒三十分钟左右，舂去外壳，或置于火塘上方的木架上烘灼到闻着香味再舂成米，将米煮成小米稀饭或干饭。稗子的食用也要先舂去皮壳,然后煮成稀饭或干饭，亦可将其碾成面粉，和以温水，焙烤成薄饼，和煮熟的野菜一起吃比较可口。鸡脚稗的穗状形如鸡爪，舂去皮壳，碾成面粉，煮成稀饭或干饭，亦可用来加工成薄饼或炒面。荞子有苦荞和甜荞两种，食用之前先粉碎。甜荞可煮成稀饭或干饭吃，亦可做成粑粑。在苦荞粑粑中夹野韭菜一齐烤熟，或和肉食一起吃，可减少苦荞之苦味。土豆最常见的吃法是埋在火塘的

荞子是独龙族人常食的主食之一

野生山菇

苦荞粑粑

董棕树

青稞用来制作炒面

火塘烧烤出的芋头十分香甜

炭火灰里烤熟，取出撕去皮而食。亦可连皮煮食。芋头一般是放在火塘里烧烤至熟取出，撕去皮而食或煮食。青稞用来制作炒面。黄豆用来制作炒面或煮豆面稀饭。

独龙人从前以董棕粉作主食。董棕粉是从董棕树树干的芯部提取出来的淀粉，先用砍刀从树的根部依次向上试砍，见刀刃上沾有淀粉的白浆，就由此处下刀砍倒董棕树。再沿砍倒的树干上端往下试砍，见有白浆渗出处，则由此砍断。两头没有白浆渗出的两节弃之，将有淀粉的树干砍截成二至三尺长的几节，提取树干中的淀粉烤食，亦可焙成粑粑或与其他杂粮一起煮吃。

独龙族饮食结构中副食主要是煮酒，以玉米、小米、鸡脚稗、苦荞和青稞等杂粮为原料，先将原料舂碎，煮熟成干饭状，摊放在大簸箕上冷却至尚有余温时洒拌酒药，装进竹篓里，用厚实的芭蕉叶将篓的周围上下捂严数日至酒香味飘出，再倒入陶罐里闷若干日，即成可饮之酒。饮用之时，先从陶罐中连糟带酒取出一部分，在铁锅或铁壶中加热水搅拌并加热，用小竹篓不断挤压酒糟以使酒与糟分离，再用竹制长柄的酒匙从小竹

用薏米和野牛骨泡制而成的酒

篓中将酒舀出饮用。酒糟可当做零食食用。独龙族制作的这种酒，其酒精浓度一般在二十度以下，呈乳白色或灰黄色，饮用爽口，但其性如同葡萄酒，后劲不小。酒在独龙人的传统交往中具有特殊的重要位置，人们普遍认为在亲友互访、生产协作、婚丧嫁娶、宗教仪式和节庆过年时，宁可饿着肚子，也不能无酒。独龙族中饮酒风气比较盛行，每年收成的农作物约近一半耗之于煮酒豪饮。

打茶的习惯可能是从藏族地区传入的。打茶的竹制茶桶长约六七十公分，口径约十公分，内置一个能够上下抽动的竹柄木塞，其直径比茶桶的口径稍小，竹柄长度高出竹

独龙族人的茶园

渔民撒网捕鱼

筒约二十公分。打茶时先将煮好的茶水倒入茶筒，放入熟的动植物油脂（酥油、核桃油、鸡油、猪油、肥肉丁等皆可）、食盐和一种有香味的苏麻籽，手操竹柄木塞上下反复抽动，将搅拌均匀的茶水倒出饮用。其色浅褐、味咸香，具有提神解乏的功效，是一种很好的滋补饮品。

肉食平时主要是靠渔猎所得，渔猎所获常在亲友或本村各户之间互相赠送。各家所饲养的鸡、猪、牛、羊平时很少宰食，饲养家禽家畜的主要动机并不在于改善和丰富饮食，而多数作为人与鬼神之间相互沟通的媒介，其首要功用是用于祭祀鬼神，以祈免除疾病等灾祸。一年一度的年节期间，才有机会吃到新鲜的肉食。吃肉时通常是连皮带骨地砍切成几大块一起煮熟，吃鱼时开膛不去鳞煮食。

酒焖鸡是独龙人的一道传统美食，其制作方法是把鸡剁成块，用油爆炒，加入适量的烧酒和野生花椒，在火上焖熟即食。制作时鸡香与酒香四溢，味道鲜美。还有的在油煎荷包蛋中搀入烧酒，焖片刻成酒焖蛋，蛋味和酒气特别浓厚。

独龙族日常菜肴有种植的洋芋、豆荚和瓜类，也有采集的竹笋、竹叶菜及各种菌类，食用时通常都是配上辣椒、野蒜、

蜿蜒在群山之间的独龙江显得古老而神秘

蜂蛹是独龙族十分讲究的菜肴之一

食盐后一锅煮熟而食。冬季是独龙族地区狩猎的旺季，猎获的野牛肉是冬季主要肉食。食用野牛肉时，都先把牛肉风干，然后微火烘烤，再捣成丝状，做成肉松或切成小块，密封在竹筒内保存或随身携带。

独龙江还盛产各种鱼类，以鳞细皮厚的鱼居多。独龙族食用鱼时喜用明火烤制或煎焙后蘸调料吃，并常把烤制的鱼作为下酒的小菜。蜂蛹是独龙族民间最讲究的菜肴之一，有说独龙族百岁老人较多，与常食蜂蛹有关。独龙人的典型食品有: 河麻煮芋头、烧酒焖鸡、吉咪等。

人们喜爱饮水酒、喝茶、抽旱烟。独龙人

独龙族人喜欢饮用竹筒酒

酿酒的方法奇特：在地上挖一个土窖，四面用芭蕉叶围住，把煮熟的玉米或米饭拌好酒曲，放进窖里，盖上一层芭蕉叶，用泥土封口，在上面烧火加温，三五天后，将土坑钻一个小洞，如有浓烈的酒气，便证明酿造成功了，扒开封口泥口，把玉米或米饭掏出，放在盆里揉搓捣烂，滤出的汁液，就是食用酒。

无论饮酒、吃饭和吃肉，独龙族家庭内部都由主妇分食给家庭成员。客人来也平均分一份。一般每个家庭都有数个火塘，

刚烙熟的荞粑

每个子女结婚后便增加一个火塘，做饭由各个火塘轮流承担。

独龙族民间互相邀请的方式十分独特，通常都是用一块木片作为邀请对方的请柬，把木片送到要邀请的客人家，在木片上刻有几道缺口就表示几天后举行宴请仪式。被邀请的客人要携带各种食品以表示答谢。客人进入寨门后，要先与主人共饮一筒酒，然后落座聚餐，并观赏歌舞。入夜后男子在火塘边喝酒念祝词，然后将酒碗放在火塘上的竹架上，以碗口朝天为吉兆。

独龙族性情淳厚，即使仅是偶然相逢的人，也要置酒相待，认为有饭不给客人吃，天黑不留客人住，是一种见不得人的事。凡建屋盖房，婚丧嫁娶，都要主动相助，遇猎到美味或自家杀猪宰牛，都要邀请远亲近邻聚餐，并在聚餐结束后主动馈赠礼品。特色食品有：

夹馅荞粑，将苦荞烤焙成饼，夹上野韭菜和煮熟的鱼、鸡、猪肉等。这类干食，便于携带，食前在火上烤一烤即成，是山地劳动中最主要的食物之一。

五　简而不陋的独龙民居

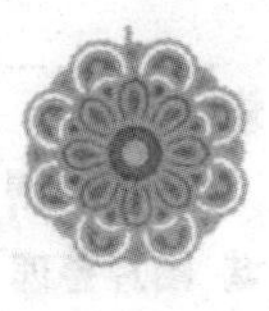

独龙族在漫长的古老、封闭的生活中，形成了自己独特的民间建筑。常见的有供居住用的木楞楼、竹篾房和供储存粮食用的木楞粮仓和竹篾粮仓等几种，它们在建筑形式和用材上大体一致。

木楞楼，其建材主要是木料、竹子、茅草三种，由楼底、楼身和房顶三部分组成。楼底由原木支撑离开地面一二米不等，并用木板铺成，中间是一米见方的火塘位置。楼身即四壁用材亦为木板或原木，由木板或原木两头砍开的口子相互钳制而垛成，楼壁的正面或背面留出窗户；进出的门开于两个侧面，门外从楼底留出一至二米宽的走栏；房

竹篾房

顶是人字形的木制屋架，呈两面出水样式，上面铺置椽子和竹子各一层，交织而成网状，顶部覆盖茅草，用藤篾捆扎固定。

竹蔑房四壁由竹编蔑笆围覆

竹篾房，所用建材主要是木料、竹编篾笆、茅草三种，房子的顶棚呈人字形，两面滴水样式，覆盖茅草，用藤篾捆扎；四壁由原木支撑，竹编篾笆围覆。这种房屋多建造在斜坡上，其底部也由许多原木支撑离开地面一至二米，用篾笆铺成，中间也有火塘，门开于侧面，门外亦有走廊。支撑竹篾房悬立的原木（脚）较多，少者有十棵左右，多者有二十余棵，故也称“千脚落地房”。竹篾房的楼上供人居住，楼下可关拦禽畜。

粮仓一般建造在住房的旁边或庄稼地里，有竹篾粮仓和木楞粮仓两种。竹篾粮仓构造简单，一般以纵横交错的原木捆扎成粮仓的骨架，仓底距地一至二米，铺原木、龙竹等，其上再铺篾笆一层，粮仓的四壁用篾笆合围，仓顶盖茅草雨棚，有一面滴水和两面滴水之分。竹篾粮仓大多用于保存尚未干燥、尚未加工的包谷等粗粮，故又称作包谷楼。

木楞粮的建造用材主要是木料，其次

竹篾粮仓

是竹、藤和茅草。粮仓由仓身和房顶两部分组成，仓门较狭小。仓底距离地面较近，一般在半米左右。木楞粮仓比竹篾粮仓构造严密，一般用于储藏加工过的粮食。

不论是木楞住房、竹篾住房、木楞粮仓还是竹篾粮仓，在房屋建造的布局上，都要背靠青山面朝大江，呈依顺河谷延伸、依顺江水流淌之状排列，而不能呈阻断江水之势或阻拦山脉延伸之状的布局排列。进房屋的大门要面向江的源头，出房屋的小门要面向江尾。这样的建筑布局规律体现了独龙族依附和顺应自然，祈盼顺利的生活理念。

独龙族民间建筑样式有其成因及文化内涵：

一是地处偏僻、环境封闭、生活水平落后。独龙族世代居住在崇山峻岭之间的独龙江河谷，一条唯一的通往边陲独龙江地区的人马驿道，每年有近六个月的积雪封锁，独龙族祖辈长期处于封闭的环境中。因此，内地的一些住房建筑样式、技术、方法等没有传到独龙江地区。独龙族的民间建筑是在没有吸收到内地较精湛的技术、方法的情况下形成的。而且，这种建筑样式顺应了河谷、山地的特殊地理环境。

古老的习俗、淳朴的民风是独龙族民间建筑形成的另一个原因。独龙族中沿袭着“有酒

独龙族房屋风格古朴、简洁

一起喝，有肉一起吃”的古老淳朴的民风，保留着“路不拾遗，夜不闭户”的传统美德。他们认为偷盗行为最可耻，例如：在行路途中为了方便，可以把粮食或衣物放置路边数日，但后面经过的人即使饥饿或寒冷，也不会擅自取用；如果是你的东西，只要在上面压个石头或在旁边插艮杆子做记号，别人就不会去动它。这种古朴的习俗和观念也反映到了住房的修造和居住的习惯上，即无须修造坚固的围墙或门壁以防止财物遗失。所以，独龙族家庭的住房和粮仓不用上锁，也从未发生过失窃现象。古老、简朴的民居样式就是随着这种古朴的民风延续至今的。

木楞房

三是山地、迁徙生活导致独龙族民间建筑充分依附自然、利用自然，追求简易、便捷、实用的建筑风格。独龙族在距今不久之前还因袭着采集渔猎、刀耕火种的生活方式。频繁迁徙的生活经验给人们导入了建房从简的理念，因为这样的建筑便于拆迁搬运。建筑所需的材料依附于自然条件，采用的是竹、木、草等这些相对轻巧、简便、随处可取的材料。建筑所需的工具也极简单，有的仅凭借一把砍刀就可以把住房盖好。盖一幢“竹篾房”所花费的时间也不多，如果是提前准备好材料，七八个人用一星期时间就可以把房子盖好。而且，独龙族多居住在河谷潮湿多雨的地带，

建房用的竹、木、草等资源丰富，随处可取

竹篾房前的台阶极具特色

建盖民居均离开地面一至两米，既可以保持干燥，利于排水，又省时省工。这样的建筑的确适合于在山地、斜坡上修筑。

六　淳朴独到的民族艺术

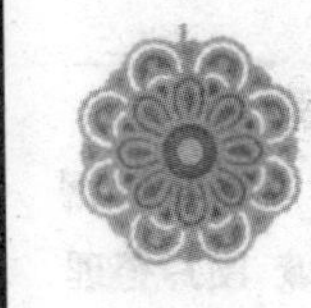

倚山傍水的独龙族村寨

（一）形式多样的民歌

独龙族人民在长期与大自然斗争的过程中，创造了丰富的艺术文化，其中独龙族民歌是一种重要的艺术表现手段，许多史诗、神话、传说、故事、歌谣都是通过歌唱一代又一代地得到继承和传播。除了歌唱之外，凡收获、猎归、建房、婚娶或年节，独龙族人都喜欢用歌舞来表达内心的喜悦和欢乐。

独龙族的民间歌曲包括叙事歌、习俗歌、山歌、生活小曲、劳动歌、祭祀歌、儿歌与哄娃娃调等，这些不同的歌调，独龙族统称作“门祖”，唱歌、唱调手称作“门祖哇”，“哇”即唱。每一种旋律音调几乎都可以演唱较广泛的题材内容。

1．叙事歌

叙事歌是独龙族民间歌曲中最丰富的一类。其中较典型的是古歌。它以丰富神奇的想象力叙唱了天地的形成、各民族的由来、祭神的由来、婚嫁的由来、年节的由来等内容，同时也向人们传播各种生活知识和生产知识。

在叙事歌中，有一种被称为“斗虾门祖”。“斗虾”即苦难之意，汉译为“诉苦调”。

所演唱的内容多为反映旧社会独龙族人民对民族压迫的愤怒控诉与个人的悲惨遭遇等，几乎每一首歌都描写了一个动人的故事。如：在《我的苦难说不完》中，演唱者用第一人称，叙述了赛忍松对压迫者的反抗及个人和家庭的不幸遭遇，塑造了一个敢于斗争的独龙族英雄形象。词中这样唱道：只因反抗土司爷，被迫逃往“阿冬龙”呵，土司头人太野蛮，逼得我拖儿带女啊，离开可爱的家乡，逃向遥远的地方。另一部分“斗虾门祖”唱的是妇女对包办婚姻的不满和抗争，例如“抗婚调”就是通过梅朵姑娘的哭诉，表现了独龙族妇女对婚姻自主的追求，歌词对人物内心的心理活动的描述非常细腻，哀怨悲

身穿传统服饰的独龙族男女

独龙江畔的民居

切，催人泪下。

2．习俗歌

独龙年的年节、提亲、结婚、探亲访友等传统风俗活动都有相应的歌唱。其中提亲时的歌唱很有特色。虽然一夫一妻制已成为最主要的缔结形式，但某些原始群婚、对偶婚、妻姐妹婚的残余形式仍在社会现实生活中得以合法存在，因而反映这种婚姻习俗的求婚歌、劝嫁歌和配亲歌等便应运而生，在有婚姻缔结关系的集团之间求婚时，通常并不由他的父母携带着酒或其他礼品，到女方家里，一边喝酒，一边唱这种求婚歌。

不便公开予以拒绝的时候，往往就十分委婉地唱道：我们的姑娘是一定要给你们的，然而大女儿不愿意，小的年纪又还小，等她长大再给你们吧！

求婚的父母一听这样的借口托词，便起身友好地离去，而又转向另一家求婚了。

情歌形式多样，风格朴素感人，比喻生动贴切，寓意也深刻。有传统的长篇情歌，也有即兴创作随意演唱的，有单独思恋时托物抒怀的自由，也有双方爱慕，相互赞美对唱情歌。

独龙族情歌最鲜明的特色，是通过社会生

工艺精美的竹编织品

祭祀舞蹈

产生活的切身感受，借助周围自然环境的所见所闻，寓物言情于深厚真挚的爱慕之中，因此，语言生动、比喻形象、韵律清新和感情淳朴丰富，都具有独特的民族风格。

独龙族结婚时，新郎由父母、亲友及伙伴陪同，带上酒肉、礼品去迎亲，女方要杀猪宴请来客，当晚在女方家通宵达旦围着火塘演唱调子，载歌载舞，这些调子的主要内容有对新婚的祝贺,还有告诫新娘到夫家做人的道理等。第二天将新娘接走，由女方亲戚、女伴作陪送亲，这天由男方宴请客人，大家饮酒作乐，也要进行歌舞活动，由长者唱《祝婚调》祝贺新婚。

由于独龙族居住分散在交通闭塞的独龙江河谷，各氏族居住的村寨之间相距较远，交通十分不便，因此，亲朋之间的交往甚少，加之一年之内仅有一次年节，所以在农闲之际偶尔有亲朋来访，则被视为吉祥欢乐之事，往往要盛情款待并进行歌舞活动。在酒宴之中，互相对唱酒歌，互赠礼物以示友情。即使是对过去素不相识的外来客人也是如此，这是独龙人民淳朴好客的优良传统。

3．生活小曲

独龙族人居住地大多偏僻闭塞

劳动过程中独龙族人也会唱起歌来

在独龙族群众中，流行着一些短小简朴的生活小曲。这些小曲调一般都节奏鲜明，结构规整，词曲形式较为稳定。曲中反映的题材内容比较广泛，尤其以爱情内容为多见。由于独龙族实行严格的氏族外婚制，婚姻由父母包办，因此在这些情歌中往往寄托着青年男女对自由婚姻的向往。对家乡的赞美，少女天真情感的流露及对社会生活的唱述等等也是独龙族的生活小曲中常涉及到的内容。

4．劳动歌

独龙人民的生产劳动过程往往要用歌声来伴随。凡春耕播种，秋收打粮、妇女织布、男子上山砍伐树木等劳动，都有相应的劳动歌曲。如歌曲衬词“肖啦呀”“肖啦尤”等，即“用力哟”“加油罗”之意，独龙语称此类劳动号子作“肖啦门祖”如：《砍大树歌》《劳动歌》等。

5．儿歌及哄娃娃调

儿歌，独龙语称作“切玛门祖”，“切玛”即儿童。儿歌中包含的内容很丰富。其中《盼爹打猎快回家》这首歌是独龙人民狩猎生活的真实反映，父亲为了生活，不顾天寒地冻，大雪封山，去深山密林中打猎。十天、二十

天过去了，爸爸仍没有回家，孩子在歌中焦急地把父亲盼望。

6．祭祀歌

独龙族的社会生活在年节、春耕、秋收之际，都要举行全村性的祭祀活动。如春耕开始时，大家出酒出粮食，杀牲（牛、猪、鸡）祭天鬼、山鬼、雷鬼等，祭祀时由大巫师“楠木萨”主祭并唱“祭祀歌”。祭祀歌独龙语称作“楠木萨哇”，“哇”有念、唱等意，主要是祈祷风调雨顺、五谷丰登，兼有对生产劳动全过程的叙述，祭唱时敲击牛皮扁骨。到了收获之前也要祭唱，以感谢上苍的恩赐与保佑，并表达丰收的喜悦。另外，凡遇到天灾人祸或有人生

剽牛舞是独龙族最具代表性的舞蹈之一

藤编篓

病时，都要请“楠木萨”来卜卦看鬼，然后杀牲祭神驱鬼。驱鬼是由小巫师“班瓦当”执行仪式。他头上挂着虎牙，身披兽皮，挥舞长刀，摇动手铃，跳起巫师舞，边唱边吼，以示驱鬼攘邪。除了祭家神、喊魂外，多视祭祀对象而选择不同地点举办祭祀活动，如在山坡上祭山鬼，在大路边祭路鬼，在河边祭水鬼等。

（二）独龙族极其精致美观的手工艺品

独龙族的手工艺品有藤和篾编制类、纺织类、木制类三种。常见的篾编类手工艺品是用于盛装东西的器物。品种很多，从男子

独龙族人出售的手工竹编器具

经常使用的旱烟袋到妇女喜欢佩戴的挎箩；从盛装粗粮的大背篓到储存食物的小饭盒；从劳动用具背箩、簸箕等到珍藏用物的果品盒、针线包以及妇女专用的手镯、耳环等应有尽有。编制的材料是树藤、筋竹、毒竹等，其质地坚韧柔软，不易折断，可以削出极薄的篾片。独龙族的编制技术很精湛，编出的器物精致美观，轻巧结实；有的做工到了盛水而不漏的程度。

独龙族藤、篾编制工艺用品的产生与他们古老的生活习俗相关。历史上，采集是人们获取食物的主要来源，在独龙江河谷茫茫的原始森林中，生长着许多可以食用的野生植物，诸如香菇、木

手工编织的竹笼

藤编拖鞋

色彩鲜艳、编织精美的纺织品

耳、蕨菜、竹笋、野芋头等等，成为人们采之不尽、食之不竭的源泉。采集活动需要大量的器具，可以随身携带，便于盛放。藤、竹编制的器物就随着采集生活诞生了，编制技术也日益精湛，品种也日渐丰富。在独龙族藤篾编制器具中，使用最普遍的是挎箩和四方箩。这两种编制器具就是独龙族的“民族包”，既轻巧又美观，是家家户户皆有的物品。现在，不仅独龙族自己喜欢使用篾藤编制的器具，而且由于藤编器物的做工精致、结实耐用，还颇受外地人的青睐，藤篾器物也成为了独龙族馈赠宾客、友人的最佳礼物。

纺织类工艺品是独龙毯、麻线袋。编织麻布是在独龙族中历史悠久的手工艺活计，妇女几乎个个都能编织。历史上，独龙族生活在封闭的环境中，人们的穿戴、被褥等遮羞御寒之物通常是麻布，独龙族妇女用麻的表皮捻成麻线后再织成麻布；麻线袋就是用麻线编织成网状的袋子，表面如蜂窝状，底阔口窄，是独龙族男子喜欢佩戴的用具，用于装体积稍大的杂物。

最初，用麻线织出的麻布是白色的，后来人们在织之前就把麻线染成红、青、

妇女在织独龙毯

黑等各种颜色，织出的麻布上就有了色彩美丽的条纹。两三幅拼连之后成为毯子般大小，用途更广泛，可以披在身上当衣服穿戴，也可以当睡觉的铺盖，所以称之为独龙毯。

现在，编织独龙毯的技术依然采用手工，但材料早已由机制棉线、毛线代替，搭配的彩色条纹也更好看了，织出的毯子如彩虹般绚丽夺目，更加美丽。独龙毯上那些流畅的彩色线条图案，折射出的是独龙族祈求做事顺畅、通达的愿望，凝结着的是独龙族妇女的聪明和智慧，象征她们对幸福生活的追求。

木制类工艺用品主要是弩弓。弩弓是独龙族男子制作并喜欢佩戴、使用的用具，它起源于独龙族原始古朴的生活，是打猎和防身的工具。独龙族男子，人人都备有弩弓，这是他们长期生活在崇山峻岭之中形成的习惯。历史上，狩猎是独龙族古老的采集渔猎生活的重要组成部分，是谋生的手段。弩弓是狩猎的重要工具，男人要根据自己的身高和力气大小制作弩弓。做弩弓要用上好的木材，弓担要用桑木，打磨得平整光滑；弓绳是毛绒，搓捻得严密、匀称；扳机为骨质，做得轻巧灵便，一把弩弓做出来要牢实、精致、射得准，才显示出男子的手艺。

箭包是搭配弩弓使用的工具，用于储藏箭枝。独龙族用的箭包有两种：一种为竹质，是利用竹节的空心加工而成的，再配上篾编的盖子箍圈和皮质背带等，样式也很稀奇。箭枝有

美丽的独龙江

独龙族村寨

两种，皆为竹制，尾部装有轻薄的羽片，顶部削尖的最常见，用于练习或猎射小动物；尾部装有羽片、顶部装铁质箭头并上了药的较少见，称为毒箭，专用于猎射大动物。

现在，随着时代的发展，独龙族跟外界接触的机会多了起来了，狩猎活动越来越少，弩弓的作用也慢慢从用于狩猎转为用于体育和娱乐（如射弩比赛）活动，或作为装饰品、纪念品为人们收藏。

（三）服饰艺术

独龙族男子的服饰很有民族特色。用一方毯披于背后，由左至右掖，拉向胸前系结，下身穿短裤，唯独遮掩臀股前后。女子用两方长布，

独龙族女子服饰

从肩部斜披至膝，左右围向前方。男女皆散发，前齐眉、后齐肩，左右皆盖耳尖。两耳或戴环或插精制的竹筒。现在独龙族普遍穿上了布料衣装，但仍在衣外披覆条纹线毯。独龙族的佩饰颇具特色，男女均喜欢把藤条染成红色作为手镯和腰环饰物。男子出门必佩砍刀、弩弓和箭包；妇女头披大花毛巾，项戴珠子。独龙族纺织手艺比效发达，所织麻布线毯质地优良，色彩谐调，特色鲜明。独龙人非常喜欢将精美的线毯披在身上。

清朝末年，怒江地方官夏瑚曾对独龙族状况进行过实地调查，在其报告中描写过当时的独龙族服装：“男子下身着短裤，憔遮股前后；上身

独龙江峡谷风光

以布一方，斜披背后，由左肩右腋抄向胸前拴结。左佩利刃，右系篾箩。”妇女的服装：“以长布两方自肩斜被到膝，左右包抄向前，其自左向右者，腰际以绳紧系贴肉，遮其前后，自右妙左者，则披脱自如也。”

从前，独龙族那些未成年的孩子，多数常年赤身裸体，或者只是在下身围一小块麻布，或系挂一块约三指宽的小木板、小竹板之类的东西。成年之后，男女的服装也仅是一块麻布。男子在腰部系一根麻绳，用自织的一小片麻布围兜住下体，或是用一块大麻布斜披在背上，然后从左肩拉一只角，从右腋下拉另一只角在前胸拴起即成。有的男子还裹一副麻布绑腿。女的则用两块麻布分别从双肩斜披，相互包裹，腰间用带子或麻绳拴紧，上身缠一块麻布，从右向左包裹；拉到前胸用竹针别牢。有的妇女头上还包一小块麻布头巾。

新中国建立后，独龙族的衣着有了很大变化，男女服装基本上与汉族相同。只有部分老人在家时仍保留着传统装束。男女外出时，仍习惯在身上披一块独龙毯。

纺织技术传入独龙江的时间较晚，之前，独龙人常以兽皮御寒树叶遮羞。纺织技术传入独龙江后，纺织便成了独龙族妇女的主要劳作形式，她们常以麻皮、水麻皮、火草等野生植

极具民族特色的独龙包

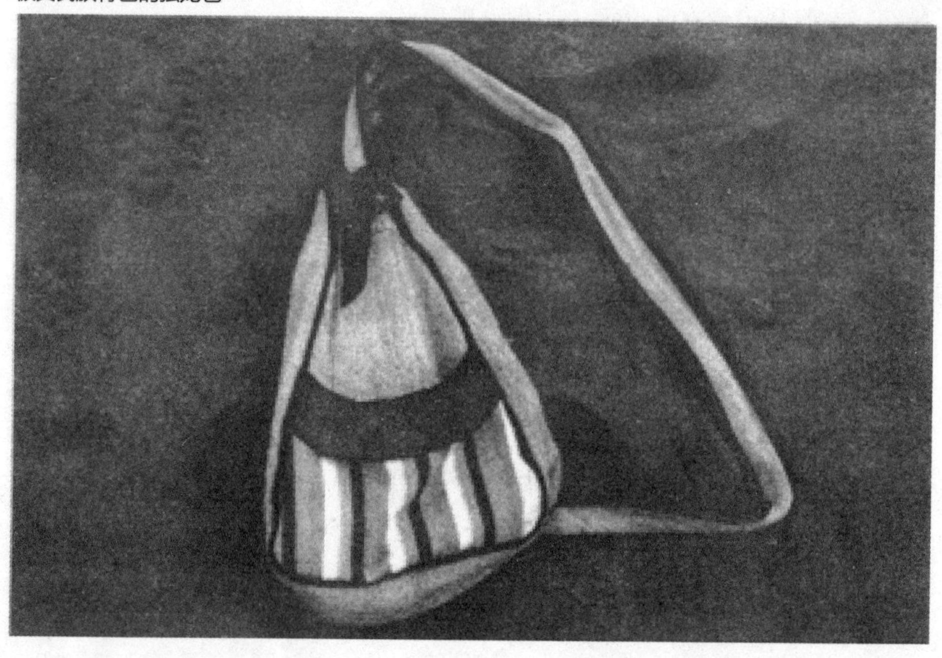

独龙族男子服饰十分简单

物为原料捻线织布，用野生植物为染料染线织出图案花纹，当地称独龙毯。独龙毯白天为衣晚上当被，穿着样式分场合而定，劳动、节日、喜庆、生活着装的样式各有不同，习惯穿法是，将独龙毯从左肩腋下斜拉至胸前，于右肩上方打结，袒露左肩右臂。独龙族妇女的装饰，耳朵上戴耳环（独龙语“鸣尔锲”）一般用藤篾或银制作，颈部佩戴珠子（独龙语“额咯”）数串，色彩各异，按个人喜好佩戴，女子腰间系数十道染色的细藤圈作装饰，男子服饰较简朴，皆披毯为衣。男女皆裹绑腿，挎一个用藤篾精制的小篾篮（独龙语“达戈”）盛物。男子喜挎弩箭、腰刀，显得粗犷强悍。

新中国成立后，随着现代文明的传入，独龙族的服饰发生了较大的变化，独龙毯的制作已由野生植物纤维改变为棉线和开司米毛线纺织，现在的独龙毯色彩艳丽，美观结实，纺织工艺精湛，充分体现了独龙族人民的审美观念和独特的服饰文化内涵。

然而，环境的艰苦泯灭不了独龙人的爱美之心，他们的服装虽然十分简朴，但仍十分注意身上的装饰。独龙族男女都喜欢佩带饰物，他们双耳坠着耳环，或是双环相扣，或单环垂肩，也有的人仅以竹筒穿在耳垂上。在脖子上戴项链也是男女的共同爱好，大多数为料珠串，而且认为越多越好，故有的人颈上挂着十多串珠串。有的人不挂珠串，就用菖蒲根一类的草

独龙族的玻璃料珠串

茎圈成项圈，戴在脖子之上。独龙族女子还特别喜欢用藤篾做成圈箍；带在腰、大腿或手腕上，有的圈箍还被染成黑色或者红色。现在，腰、腿箍已很少见，唯独腕圈仍为许多独龙妇女保留。

独龙江风光

独龙人的发式也很有特色。过去男子头发长长之后，使用锋利的刀齐齐地截去，前垂齐眉，后披齐肩，左右齐耳，酷似一顶帽子，如今只有老年男子才剃这样的发式了。一些老年妇女，仍把自己的头发剃成“乌齐恩”式，即把周围的头发剪光，只在头顶中央留一绍一掌宽的头发，披到额眉。

除此之外，许多妇女外出时还会在肩上斜挂一只精致的藤篾箩，既可方便装带物品，又能起到装饰作用，可谓一举两得。

（四）独龙族体育艺术

独龙族居住的地区山高路险，河流湍急，不便行舟，勤劳、勇敢、富于创造的独龙族人民，不为险恶的地理环境所屈服，因地制宜，就地取材，创造了征服江河激流，危崖险隘的渡江交通工具——溜索。

溜索，古称之为“撞”，即《蜀中广记》

在地势险要的怒江，人们只能依靠溜索来通行

所记载的“度索寻撞之桥”，也就是横架在江上的一股或两股篾索，有平溜、陡溜两种。平溜为一股，两头稍高，中间倾凹；陡溜为两股，一来一往，一头高，一头低。平溜来往都能过，但较为费力，一般安在江面较窄的地方。陡溜较为省力，速度也较快，但雨天容易撞伤，一般安在江面较宽的地方。

溜渡，俗称过溜索，其工具是溜梆和麻布带子。溜梆用柴柚木砍制，形同带柄的半边茶杯。过溜时，把一丈多长的麻布带子从溜板孔中穿过，向腰部、臀部各绕一圈，最后一圈套在脖子上。系好麻带后，将溜索卡入溜梆的槽内，手扶溜梆，脚蹬系溜索的木桩或岩石，这时耳边凉风嗖嗖，风驰电掣般霎时飞越江面。滑至对岸时，随着溜索的上倾，溜梆徐徐停住，此刻需手攀脚蹬，到溜桩时，解带上岸。

溜索不仅可以渡人，还可渡牲畜、货物。过去的竹篾溜索现在已为吊桥代替，有的一时不能修好的，也换上了钢丝溜索，硬木梆也改为铁滑轮。如今，过溜索已成为独龙族的一项传统体育运动，每逢年节青年男女在溜索上进行比赛，1989 年在昆明举行的第四届全国少数民族传统体育运动会上，新增加

怒江之上的溜索

过溜索项目，独龙族选手参加表演，他们高超的过索技术，受到观众的赞扬。

（五）特有的“剽牛祭天”

独龙族唯一的节日“卡雀哇”仪式，也就是过年。在每年的农历腊月举行，时间视

“剽牛祭天”是卡雀哇节最热闹最隆重的活动之一

当年的气候和粮食收获的多少而决定，节日期间为3-5天不等。妇女们在节日到来时需分别把独龙毯布条用竹竿系在尖上，以示节日的来临。年节期间，各家族常采用木刻的方式互相邀请。宾主相见，先是与主人共饮一桶水酒和相互对歌，再围坐火塘，一面品尝食物一面观赏青年男女跳锅庄舞，并将酒碗抛入火塘上空的竹架子上，以碗口朝天为吉兆。除了举行一些饮酒欢聚的活动和一些祭祀以外，最隆重的是“剽牛祭天”仪式。

关于“剽牛”，有这样的说法：传说独龙江流域曾暴发过一场瘟疫，人们恐惧万分，便

“剽牛祭天”

请巫师打卦问卜。卜卦的结果是人类过上太平日子后，忘记了向各位神灵献祭，天神为此发怒便降下了这场瘟疫。人们急忙献粮献酒，并拉出几头牛“剽牛祭天”。祭仪中，人们敲起锣鼓，跳起舞蹈。经过几天几夜的狂舞，终于感动了天神，收回瘟疫。

仪式开始时，首先要在村中挑选一头健壮的牛用来做祭物，主人先把放在山里的牛“恭请”到家门口，再由女主人亲自动手给牛打扮：在牛背上披一块崭新的五彩花纹毯子，在牛角上挂五颜六色的项链珠子。意为让牛漂漂亮亮地走向天庭。扮好后围着主人的房屋绕数圈，

独龙江风光

与主人家有血缘关系的族人和巫师则站在门口的台阶上，向绕到门前的牛撒五谷杂粮和喷水酒。一些女性成员还要陪着女主人伤心落泪，表示与牛告别和感激牛牺牲自己换取家人幸福长寿。

当选定的吉祥时辰到来时，巫师就带着牛走进事先挑选好的祭天场地，把牛栓到固定的木桩上，巫师含酒向牛连喷三次，再次为牛祈祷。此时村民们手拉手自然形成圈围着牛，在锣鼓的敲击声中翩翩起舞，歌声、激动的叫喊声忽起忽落响彻山谷。巫师边喝酒边念道：愿同族好友像我们一样幸福，愿子孙后代像我们一样长寿；我们的幸福像星星一样繁多，我们的后代像森林一样茂盛……在众人狂舞的同时，女主人走进圈内，揭去牛身上的装饰，伤心地与牛道别：当你升到天庭时，传颂家人的功与德；当你飞到天界时，保佑族人无灾难；牛魂、牛魂不要记仇，吃饱闭眼升上天……此时此刻，剽牛手紧握竹茅一边喝酒边向牛靠近，一次次向牛发起进攻。为了遇到“如棉花般柔软”的吉兆，而不是遇到“如顽石般坚强”的凶兆，他们需要把竹茅猛然刺向牛体的心脏部位。

牛终于倒在血泊之中，刀手们分别把牛头砍下送给牛的主人，主人把牛头背在背上围绕场地欢歌起舞，人们又一次随着背牛头的舞者

独龙族聚居地丙中洛自然风光

独龙族人脚下就是奔腾的怒江水

跳啊唱啊喝酒啊，独龙江的怒吼声似乎被抛到九霄云外，山醉了、江醉了，人也醉了，一切都沉醉在节日的喜庆中。牛肉当场按照当场的人数平均分配，每人都能得到一块牛肉，有的人当场起火烧食，有的人还把牛肉带回家，让家中不能到场的亲人共享节日的快乐。

“剽牛祭天”仪式是独龙族最庄严最热闹的庆典，通过这一仪式祈求上天的保佑，让生活在这块土地上的独龙族人们吉祥如意，人畜平安，五谷丰登。

七 别有其解的习俗礼节

独龙族编织品

（一）彬彬有礼独龙族

独龙族生活在团结友好的社会氛围中，养成了非常好客的风尚，如遇猎获野兽或某家杀猪宰牛，便形成一种远亲近邻共聚盛餐的宴会。不管哪家有亲友来访，客人所带来的礼物照例要分给邻里亲友，客人告别时，要向客人赠送礼物。此外，普遍都保持有招待素不相识过路人的习俗，对过路和投宿的客人都热情款待。

独龙族人在外遇到陌生人时，总是双手搁在胸前，脸转向右边，发出“咯咯”的笑声，以示问好，接着小声询问：“请问你上哪儿去？”被问者笑答：“到那边去。”当远道来的客人进入独龙族住屋时，屋中的男女老少都一齐站起来，

独龙族民居

并弯下腰发出阵阵笑声，以示欢迎，接着温和地招呼：“请你坐到这边。”客人含笑鞠躬回答：“谢谢。”当客人坚持要走，主人就送至村外，并久久站立，含笑目送客人身影远去。

倘若在路上与年轻独龙族姑娘相遇，她会笑着躲开。当客人来到独龙族山寨时，每家每户都会带着礼物来探望。独龙族人携带礼品是不外露的，他们习惯藏在胸前的披毡里，当来到客人面前时，会默不作声地站立，待看清客人后，才取出礼品，双手捧给客人，并含笑低下头，以示“对不起，请收下”，然后便匆匆离去。客人要微笑着双手接礼品，并说“谢谢”。

独龙族的房屋一般很小，建房材料主要有

掩映在绿荫里的独龙族人家

冬瓜树、竹、草等。房子一般有两间，一间立火塘，是主人做饭和睡觉的地方；另一间做未婚儿女卧室或用来招呼客人。

在狩猎或是捕鱼中，所获的猎物无论大小或是多少，都要平均分送村里邻居，或邀而共同享用，即使是素不相识之人，同样见者有份，给予相同对待。独龙族男女青年在婚前有社交自由，但在确定婚姻关系时，均须由父母做主。婚姻结缔一般经过说亲和迎娶。男女青年相爱后，姑娘通常把自己精心织成的独龙毯或绑腿送给小伙子。举行婚礼时，全村都来祝贺，带上茶叶、炒面等食物，男方家同样也用这些食物和水酒招待

捕获的猎物无论大小、多少，都要平均分给近邻

清晨捕鱼

怒江风光

客人。

（二）奇风异俗的面纹

按照独龙族的老传统，女孩子一旦进入成年期（十二三岁），都必须接受民族的洗礼——面纹，打下民族的烙印。

刺面纹是痛苦的。面纹时，先用竹签蘸烟灰在姑娘脸上描绘好纹型，然后一手持竹签，一手拍打针棒，沿纹路打刺。待线纹刺好后，把渗出的血水擦去，敷以锅烟类拌和的“墨汁”，几天以后，肉皮上留下黑色和青色的斑纹，便成了永远洗擦不掉的面纹。据说，这样做可以增加妇女的美容，这样做可以标示出民族和集

丙中洛风光

团的区别，防止别族土司的奴役，也可以避邪。现在，这种面纹习俗已基本消除了。

（三）文明有趣的婚俗

1．说婚

独龙族说婚是文明而有趣的。假如某个小伙子看上了某个姑娘，小伙子就要请寨里能说会道、有威望的已婚男子当说婚人。说婚人接受说婚任务后，到小伙子家去提上一个茶壶，背上一个五颜六色的袋子，袋子里装上茶叶、香烟和一口缸到姑娘家去。

到姑娘家后，不管姑娘家里的人热不热情，打不打招呼，说婚人要以最灵敏的动作，放下

说婚习俗也离不开火塘

茶壶灌上水，到火塘边把火烧得旺旺的，架上三脚架、置上茶壶。然后，从袋子里取出茶叶和口缸，架上三脚架、置上茶壶。然后，从袋子里取出茶叶和口缸，从姑娘家的碗架上找来碗。姑娘家有几个人找几个碗，不分男女老少，做好泡茶的准备。这时，不论姑娘家的人同不同意。高不高兴，都会围到火塘边来。水一开，说婚人泡上茶，停一会，把茶倒在碗里，按姑娘的父、母、哥、姐、弟、妹，最后是姑娘的顺序，每人面前各放一碗，接着说起婚事。若姑娘家的父亲或母亲把茶水一饮而尽，其他人也跟着喝了，这门亲事就算说成了。如果说到深夜十一二点，茶水从热变冷，又从冷变热，还是没人喝，第二天晚上说婚人又来，仍没人喝，第三天晚上再来，还是没人喝，表明这门婚事告吹了。如果小伙子有意，那就得等一年以后再请媒人来说亲。

男女中意后，姑娘会送给心上人一条自己编织的独龙毯或绑腿作为信物

男女青年相爱之后，便互赠信物订婚。通常姑娘送给小伙子一条自己精心织成的独龙毯或绑腿；小伙子则送给姑娘一把锄头或是自编的一只背篓。

2．婚礼

在结婚的仪式上，双方父母都要介绍自己的儿子或女儿的情况，并勉励他们互相关心、勤俭持家、和睦相处。不管今后谁的手脚残废眼瞎也不能离婚。然后递给新郎新娘一碗米酒，新郎新娘双手接过酒，当着来宾向父母表示：一定听从父母的教诲，互相尊重、互相爱护、白头到老、永不分离。最后，两人捧起酒碗，同饮而尽。此称为“同心酒”。

婚宴比较简单，食物多是新郎新娘家做的或来宾带来的炒面、粑粑、米酒等物。主人将这些食物分给客人每人一份，放上一块煮熟的肉，表示对客人的尊敬。

举行婚礼这天，全寨人都来祝贺。仪式

过后，男女老幼尽情跳起欢快的独龙舞，唱着歌，同庆婚礼。

（四）传统古朴的“卡雀哇”

独龙族的传统节日——独龙年，独龙族人叫“卡雀哇”。他们以十二月二十九日为除夕，三十日为新年之首。

相传很久以前，独龙江畔生活着兄弟二人。他们自幼失去父母，以深山老林为家，以弩射猎，苦度光阴。一天，兄弟俩身背长刀，手执硬弩，来到担打力卡雪山上的必拉桶打猎。这天天空乌云密布，气候阴晦，禽兽不出巢穴。待到午后，才见一只瘦小的岩羊。兄弟二人，

卡雀哇节是独龙江地区独龙族的新年

高黎贡山风光

分头包抄。哥哥迷失了方向，误入一个群峰竞秀，危岩兀立的高山深谷。当夜幕笼罩山峦时，弟弟到事先约好的地方等候。可是，等呀等，一弯月亮挂上了高黎贡山的山尖，也不见哥哥的踪影。弟弟带着一颗焦虑的心，钻进深山峡谷，去找自己唯一的亲人。不知翻过多少个山头，穿过多少条急流深涧，整整找了九年零十一个月又二十九天。就在十二月三十日这天，哥哥突然回来了，兄弟俩见面，悲喜交集。哥哥悲切地对弟弟说：“我的好弟弟，不是哥哥忍心

澜沧江风光

把你丢下，自从我们弟兄失散，我被一个恶魔困在龙潭虎穴。恶魔见你寻找哥哥心切，自今开始，让我每年十二月三十日回来与你见面。”哥哥接着说，“我们相会的这天就是岁尾年首，就把它称作过年吧。”弟弟为了庆贺弟兄散失后的团聚，特地为哥哥准备了用各种珍禽异兽做成的菜肴和用各种谷物做成的米饭。吃罢晚饭，弟弟为能与哥哥相会激动万分，敲起锣，燃起火把，请出山寨里的父老兄弟，把这个喜讯告诉大家，让哥哥和乡亲们一起欢歌乐舞。从此，兄弟相会这一日就成为独龙族人的独龙年。

古老的独龙族卡雀哇节祭祀

独龙年，是独龙族一年里唯一的节日。节日里，每个氏族和部落都要集体猎取野物、杀猪羊，猎物分给各家各户。部落主妇则将年食分送给各个家庭。他们称为“分食”。过去，在除夕就餐时必须等部落的每一个成员到齐，缺少一人，则不开锅。岁首清晨，曙光初照，山寨里就响起了锣鼓。迎接新的一年的来到。早餐过后，人们随着锣鼓的敲响，不约而同地来到山寨的旷地，用古朴的习俗，欢庆新年。人们不分年岁、性别、家族，大家手牵着手，跳起本民族的传统舞蹈。长老们用编制精巧的独龙藤器盛着可口的菜肴，以传统的方式给每个人分食。一时间，歌唱声、欢呼声、舞步声交织在一起。在这欢乐的时刻，坐在一旁的部落歌手吟唱起古老的年歌。

（五）象征友好的微笑

坐落在澜沧江沿岸的独龙族村落

独龙族人的礼节别具一格。

送客：

当客人告辞时，一家人带着笑意，一再挽留：“代小奔六（请再玩一会）。”如果客人坚持要走，就送至村外，并久久站立，含笑目送客人的身影消失。倘若年轻的独龙姑娘碰到生人时，一定会连笑带跑躲开，这是未婚姑娘的礼节。

送礼：

当其他民族的人来到独龙山寨时，每家每户都会持着礼物赶来探望。这些礼物哪怕是一个南瓜、几个蛋、一只鸡、一条鱼，都饱含着独龙族人的深情厚谊。

独龙族人携带的礼品是不易露在外面的。他们习惯藏在胸前的毡子里。当他们来到客人面前时，常常默不作声地久久站立，待看清客人后，才取出礼品，双手捧给客人，并含笑地低下头，以示“对不起，请收下”，然后便匆匆离去。客人要微笑着双手接礼品，并说：“立席（谢谢）。”

（六）丧葬习俗

独龙人死后，丧葬仪式有三种，即水葬、火葬和土葬，而以土葬为主。火葬、水葬是

独龙江峡谷

将患有传染病的死者用火焚烧或抛在河中即算安葬。独龙族大多数是实行土葬，死后的当天，村里的人及远近亲戚都要送粮食、酒、鸡等以示哀悼。一般在第二天送葬，有时也有因远方亲戚不到而延期埋葬的，但不超过三天。人死的第二日清晨（太阳快出为准），要由一个有经验的人到屋外去看坟地（以最

独龙江风光

先能看到太阳为好），一般距住地五米左右，然后即动手挖坟坑，葬坑多是长方形，深约一米多。有的地方用席子裹尸，有的也用四块木板镶成简单的棺材。

出殡时，尸体只能从撬开的地板抬出，不能直接从大门里出入。按独龙族社会禁忌，若将死尸从大门抬出，就有可能继续死人，甚至全家死绝。棺材通常由儿子来抬，若无子，则可由其侄子来抬，如请远亲相助，则要送帮忙的人一把刀子。葬式多系曲肢侧身，头朝北，足朝南，面向东方，以示后人可以兴旺。尸体入坑时要由亲人动手填土，然后按男女性别，在坟头上放一些死者生前用的生产、生活用品，以示死者仍需继续劳动生产。

死者埋葬之日，全家族或全村都要停止劳动。据说如不这样，山上会滚石或继续死人。人死后的第三天，便由死者家属领祭品捧到屋后扫净的坡地上放好，点燃松明青松毛，等主祭巫师祈祷之后，青壮年射手们即拉弓扣箭，齐射各种动物模型。接着，主祭人把动物模型撒向围观的人群。这时锣鼓齐奏，人们结圈歌舞，尽兴方散。